# GLORIA

## pour Soprano Solo, Chœur et Orchestre

English version by
**HUGH ROSS**

**Francis POULENC**
**1959**

## I. GLORIA

# II. LAUDAMUS TE

# III. DOMINE DEUS

# IV. DOMINE FILI UNIGENITE

# V_ DOMINE DEUS, AGNUS DEI

# VI. QUI SEDES AD DEXTERAM PATRIS

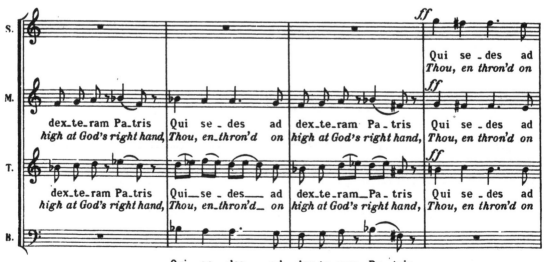